Du CE2 au CM1

8-9 ans

Au muséum d'histoire naturelle

Sophie Adriansen
autrice

Illustré par
Marie Toury

Nathan

Présentation

→ Je lis un récit d'aventures entrecoupé d'exercices de : français, maths, questionner le monde, anglais.

→ Je résous des exercices qui permettent de reconstituer l'histoire.

→ Je vérifie ma réponse :

- elle est juste → j'accède à la suite de l'histoire ;
- elle est fausse → le corrigé me guide pour refaire l'exercice.

→ Je consulte le mémo en fin d'ouvrage : il m'explique la notion abordée dans l'exercice.

→ Je regarde la table des matières (p. 94-95) pour connaître tous les points du programme abordés dans les exercices.

→ Je note les indices sur la page 93 : un par chapitre, ils prouvent que l'escape game avance et que l'histoire est bien comprise.

Maquette intérieure : J. Lannes – K. Fleury
Composition : C. Julien
 – ISBN : 978 209 501498-8
N° éditeur 911866 / 10286947

Visite guidée

Musée ou muséum

Muséum national d'histoire naturelle, Paris.

Les musées d'histoire naturelle présentent des collections de sciences naturelles : zoologie, botanique, géologie... Le mot « muséum » a été utilisé pour la première fois lors de l'ouverture du premier d'entre eux, le Muséum national d'histoire naturelle, en 1793. Il se trouve à Paris, au Jardin des plantes, où l'on cultivait auparavant des plantes médicinales. « Muséum » signifie désormais, dans les pays francophones, « musée d'histoire naturelle ».

On compte environ 200 musées d'histoire naturelle dans le monde. En France, plus d'une vingtaine de villes en ont un.

Galerie de Paléontologie et d'Anatomie comparée, Paris.

Les fonctions des musées

Muséum américain d'histoire naturelle, New York.

Le musée s'occupe de la présentation des collections dont il dispose, mais aussi de leur conservation. Les plantes peuvent être séchées, les espèces animales naturalisées (empaillées), mais la matière organique doit ensuite être maintenue dans des conditions adaptées (lumière, température, humidité...). Il faut entretenir les collections et en faire régulièrement l'inventaire.

Le musée a également pour fonction de développer la connaissance scientifique et de diffuser le savoir. Un musée peut accueillir des scientifiques qui font de la recherche en sciences naturelles et faire de la pédagogie auprès du public, par exemple en proposant des conférences, des films, des livres, des expositions thématiques de ses collections.

Musée national d'histoire naturelle des États-Unis, Washington.

Collections en tous genres

Les grands voyages d'exploration scientifique du début du XIXe siècle, puis les voyages dans les colonies, ont permis de rapporter des objets de sciences naturelles des cinq continents. Les collectionneurs vendaient alors leurs spécimens aux musées, qui achetaient également des cadavres d'animaux aux zoos et aux aquariums publics. Actuellement, on doit tenir compte de la préservation des espèces : certaines sont menacées.

Muséum américain d'histoire naturelle, New York.

Planche d'insectes, histoire naturelle.

De nombreux musées présentent aussi des espèces vivantes, que l'on peut observer dans des ménageries, des aquariums, des terrariums, des vivariums...

Les plus grandes collections du monde se trouvent au Musée national d'histoire naturelle des États-Unis, à Washington (125 millions de spécimens), au Musée d'histoire naturelle de Londres (70 millions de spécimens) et au Muséum national d'histoire naturelle de Paris (60 millions de spécimens). Certaines contiennent des espèces disparues.

1

Enfermés dans le musée

1 

Les vacances commencent bien ! Pour ce premier jour, Papi et Mamie ont décidé d'emmener leurs trois petits-enfants, Arthur, 8 ans, Illana, 9 ans, et Minh, 11 ans, visiter le Grand Muséum, le musée d'histoire naturelle. Mais à force de s'arrêter devant la moindre espèce végétale du parc pour l'admirer, Papi et Mamie ont perdu tellement de temps qu'une fois à l'intérieur du Grand Muséum, l'employé qui laisse les visiteurs accéder aux différents spécimens secoue la tête :

– Je suis désolé, le musée est en train de fermer. Il faudra revenir demain !

– Oh non ! s'exclament en chœur les trois cousins.

C'est vrai que les visiteurs sont tous en train de gagner la sortie… Papi prend la chose avec philosophie :

– Eh bien, nous avons notre programme de demain ! dit-il.

Arthur, le plus jeune des cousins, a repéré le pictogramme qui symbolise les toilettes.

– J'en profite ! annonce-t-il à Illana et Minh.

– Ah tiens, moi aussi ! approuve Minh.

– Pareil ! renchérit Illana.

Tous trois disparaissent, côté filles pour l'une, côté garçons pour les deux autres. Quand ils se retrouvent une poignée de minutes plus tard, c'est pour constater que quelque chose a changé.

– Euh… Pourquoi n'y a-t-il plus personne ? demande Minh.

– Il n'y a plus aucun bruit ! s'étonne Illana.

– Et nettement moins de lumière ! renchérit Minh.

Arthur regarde alors du côté des portes :

– C'est fermé ! s'exclame-t-il. Ils ont fermé les portes pendant qu'on était aux toilettes !

– Quoi ? hoquette sa cousine. Mais où sont Papi et Mamie ?

– Dehors… dit Minh en désignant du doigt les silhouettes de leurs grands-parents, à l'extérieur du musée.

Ils sont en effet séparés de Papi et Mamie par des portes vitrées donnant sur le jardin du muséum, et une grille dressée deux mètres avant celles-ci.

Les cousins se retournent alors et font un pas en avant. Face à eux, sous une verrière fixée à une hauteur impressionnante, se déploient des reproductions d'espèces

animales grandeur nature. De part et d'autre, des balcons chargés de collections diverses montent jusqu'au plafond. Ils savent bien ce que renferme le muséum : plus de 7 000 spécimens retraçant toute l'évolution de la vie depuis son apparition sur terre. Des animaux disparus, des squelettes, des œufs en tous genres… C'est parce que le monde animal passionne les cousins qu'ils ont demandé à Papi et Mamie de les emmener. Mais ils n'avaient pas du tout prévu de se retrouver seuls tous les trois au milieu de toutes ces bestioles !

Minh revient alors en arrière.

– Évidemment, la grille ne se soulève pas, elle est bien fixée… dit-il.

Arthur et Illana le rejoignent. Les cousins se regardent.

– Bon, ben je crois qu'on est… commence Illana.

– Enfermés! termine Arthur. Enfermés dans le musée, c'est trop cool!

– Je ne crois pas, non, rétorque Minh. Regarde, Papi et Mamie ne se sont pas encore aperçus qu'on était restés à l'intérieur. Personne ne va venir nous chercher ici. Si on ne trouve pas un moyen de sortir, on risque de passer la nuit là…

Arthur, qui ne réalise pas bien, sourit toujours. Ce qui n'est pas le cas d'Illana et Minh. Ils sont bel et bien enfermés.

Les cousins vont-ils vraiment passer la nuit dans le musée ?

Pour le savoir, indique si les phrases sur les départements et les régions sont vraies ou fausses.

La région Île-de-France est située outre-mer. ..F V..

Paris est la préfecture de la région Île-de-France. ...F......

Les départements sont gérés par le conseil régional. ..V F..

La France métropolitaine compte 96 départements. ...V......

Relève ensuite la lettre rouge dans la première phrase qui est vraie. Elle te donnera un indice sur la suite.

Si tu as trouvé P comme PORTE → Va au n° 6.
Si tu as trouvé F comme FICELLE → Va au n° 7.
Si tu as trouvé C comme CODE → Va au n° 12.

mémo 17

2

Faux. Pour que le courant passe, le circuit doit être fermé, avec un fil en contact avec le plot de l'ampoule et l'autre en contact avec le culot.

→ Retourne à l'exercice du n° 5.

3

Ce n'est pas la bonne réponse. Observe l'infinitif des verbes pour vérifier s'ils appartiennent au 2e ou au 3e groupe.

→ Refais l'exercice du n° 15.

4

Ce n'est pas la bonne réponse. Révise l'ordre alphabétique et vérifie que tu as bien classé les noms d'espèces.

→ Recommence l'exercice du n° 12.

5

Pas certains de savoir identifier l'iguanodon parmi les différentes espèces, Minh et Illana suivent Arthur. Leur cousin s'avance vers un squelette haut de cinq mètres et long de deux fois plus. En effet, quelque chose a bougé dans la carcasse osseuse. Arthur ne tarde pas à réaliser ce que c'est.

– Regardez, dit-il, un os s'est détaché !

Tous regardent plus en détail le squelette. Ils ont beau

savoir que le gigantesque animal ne bougera pas, ils se sentent intimidés.

– Les iguanodons étaient herbivores, indique Arthur. On ne risque rien ! ajoute-t-il en rigolant.

Et, pour ponctuer sa phrase, il se penche et ramasse l'os fin, long d'une vingtaine de centimètres environ, qui s'est détaché du squelette. Aussitôt, un son tonitruant retentit dans tout le muséum. Les trois cousins sursautent.

– L'alarme ! s'exclame Minh. Il y a un dispositif de sécurité, et tu l'as déclenché en faisant un mouvement tout près du squelette.

– C'est une bonne chose, déclare Illana en criant pour se faire entendre par-dessus le rugissement de l'alarme. Le système de sécurité doit être relié à un système de surveillance, donc un gardien va accourir et on va pouvoir sortir d'ici !

Minh hoche la tête en se bouchant les oreilles. Arthur, lui, acquiesce tout en observant l'os qu'il tient toujours entre ses mains. Les cousins regardent en direction des différents coins de l'espace, guettant l'arrivée de quelqu'un. Mais au bout de quelques secondes, l'alarme s'arrête.

– Zut, personne ne vient, constate Illana trois minutes plus tard.

Arthur s'approche de nouveau du squelette. Il tente de comprendre d'où est tombé l'os. Vient-il des côtes ? De l'épine dorsale ? Ou encore de la longue queue du bipède ? Arthur sait que le nom « iguanodon » signifie « dent d'iguane », et que ces vertébrés vivaient au crétacé, c'est-à-dire il y a plus de 100 millions d'années. Mais sa figurine présente un dinosaure au corps recouvert de peau, avec ses dents et ses griffes. C'est la première fois qu'il voit un squelette d'aussi près.

– Ici! s'écrie-t-il tout à coup.

Illana et Minh se retournent, pleins d'espoir: Arthur aurait-il vu quelqu'un arriver? Pas du tout, leur cousin croit juste avoir trouvé l'endroit où l'os manque.

– J'essaie de le remettre, qu'en pensez-vous? demande-t-il.

Il a repéré un espace au niveau de la queue du dinosaure. Il s'approche: les os d'avant sont un peu plus longs que celui qu'il a en main, ceux d'après sont un peu plus courts. Pas de doute, il a trouvé! Mais il semble être le

seul à s'en réjouir. Minh et Illana ne regardent même plus l'iguanodon.

– Si le dispositif de sécurité ne fonctionne pas et que malgré l'alarme qu'on a déclenchée personne ne vient, ça veut dire qu'on est bel et bien coincés, résume Minh.

– Et donc, renchérit Illana, si on n'obtient pas ce fameux code pour la grille devant les portes, on risque de passer la nuit ici… Et le code semble impossible à trouver parmi toutes ces collections! ajoute-t-elle en faisant un mouvement large vers les hauteurs du musée.

Elle laisse alors échapper un lourd soupir, tandis que Minh ferme les yeux un instant. Le découragement est en train de les gagner.

Vont-ils renoncer à chercher un moyen de sortir ?

Il semble y avoir un problème d'électricité dans le musée… Pour aider les cousins, colorie les ampoules qui peuvent s'allumer.

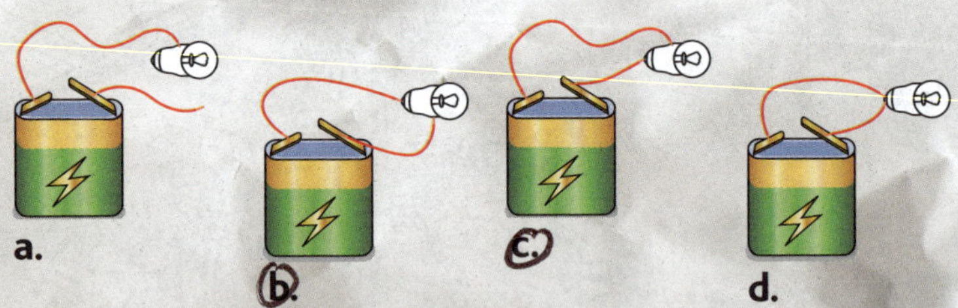

Si tu as colorié a. et d. → Va au n° 2.
Si tu as colorié b. et c. → Va au n° 15.

mémo 18

6

Tu t'es trompé(e) ! Le conseil régional s'occupe des régions.
→ Recommence l'exercice du n° 1.

7

Faux ! Contrairement à l'outre-mer, la partie métropolitaine de la France, qui inclut l'Île-de-France, est située en Europe. La France métropolitaine comprend bien 96 départements. → Retourne à l'exercice du n° 1.

8

Non. Après avoir classé les noms d'espèces par ordre alphabétique, tu dois relever le sixième nom en partant du début du classement. → Retourne à l'exercice du n° 12.

9

Lions, guépards, hippopotames, girafes, zèbres, antilopes, gnous, buffles, rhinocéros… La caravane présente tous les animaux qui peuplent les plaines africaines. Bien qu'immobiles, ils semblent tous avancer dans la même direction, menés par l'éléphant. Et bien que silencieux, on les croit prêts à rugir, barrir ou grogner. C'est impressionnant ! Arthur s'extasie un peu plus devant chaque nouvelle espèce.

– Arthur, avertit Illana, on cherche un code.

Elle explique à son cousin l'intuition qu'elle partage avec Minh : un nombre doit se trouver dans chaque partie du musée.

– OK, j'ai compris ! assure Arthur.

Il se met à observer les animaux plus en détail, cherchant sur chacun d'eux une inscription, une gravure ou une étiquette.

– Bon, la partie terrestre ne se limite pas aux espèces de la savane, déclare Illana. Je vais regarder ailleurs.

Elle s'avance vers la zone consacrée à la taxidermie*. Le nombre est peut-être caché parmi les animaux empaillés.

– Bonne idée, approuve Minh.

Il se rend quant à lui dans la zone consacrée aux forêts tropicales d'Amérique. Les espèces sont représentées au milieu d'une végétation luxuriante. On s'y croirait ! Mais il a beau parcourir l'espace en long, en large et en travers, il ne relève aucun code.

– Je ne trouve rien par ici, lance-t-il à ses cousins en revenant sur ses pas.

– Moi non plus, répond Arthur, arrivé au bout de la caravane africaine.

Lui aussi fait demi-tour. Tous leurs espoirs reposent à présent sur Illana. Mais leur cousine revient en secouant la tête.

– Rien chez les bébêtes empaillées… annonce-t-elle. Ou alors, je n'ai pas la bonne méthode…

---

* Fait d'empailler des animaux morts en leur laissant l'apparence d'animaux vivants.

Tous trois regardent autour d'eux. Un peu plus loin se trouve la zone consacrée à l'Arctique et à l'Antarctique, présentant les espèces qui vivent sur les déserts de glace. Plus loin encore, c'est la galerie de paléontologie, avec les fossiles de tricératops et d'autres dinosaures en tous genres, mais aussi les squelettes d'oiseaux géants veillant sur leurs œufs… Le musée est si vaste et les collections sont si nombreuses que les enfants ne savent ni où, ni comment chercher. D'autant que si la verrière laisse passer la lumière du jour, ce qui permet aux cousins de se repérer, l'éclairage spécifique, lui, avec des spots électriques dont les faisceaux tombent pile sur les espèces et les explications qui les accompagnent, a été éteint à l'heure de la fermeture.

C'est alors qu'un bruit retentit au fond du musée.

– Ça vient des dinosaures ! affirme Arthur.

Il s'y connaît en matière de vertébrés disparus : il en est passionné et, dans sa chambre, il a toute une série de figurines représentant des dinosaures divers, alignés sur une étagère. Sa découverte de la caravane africaine lui donne d'ailleurs l'idée d'en former une avec les dinosaures quand il sera de retour chez lui.

– Tu es sûr ? demande Minh.

Arthur hoche la tête. Guère rassurés, les cousins s'approchent de la galerie de paléontologie.

– Là ! s'écrit soudain Arthur en bondissant sur place. Le squelette de l'iguanodon a bougé !

Que se passe-t-il avec l'iguanodon ?

Pour le découvrir, trouve la réponse.

Les enfants ont essayé de compter le nombre de spécimens exposés dans le musée, mais ils n'ont pas trouvé le même nombre.

Classe leur résultat dans l'ordre croissant.

7 121	7 132	7 123
Arthur	Illana	Minh
1	3	2

Qui a trouvé le résultat le plus petit ?

0 **Si tu as trouvé ARTHUR → Va au n° 5.**
Si tu as trouvé ILLANA → Va au n° 14.
Si tu as trouvé MINH → Va au n° 13.

Relève le troisième chiffre du résultat d'Illana.

Écris ta réponse : 3 **C'est ton PREMIER INDICE.**

N'oublie pas de le reporter page 93.

mémo 9

10 

Faux ! Tu as choisi des verbes appartenant au 1er groupe.

→ Recommence l'exercice du n° 15.

11

Bravo ! → Rends-toi au chapitre 2 pour suivre nos amis dans les mondes marins.

12

Illana inspecte la grille sur toute sa longueur. Minh a raison : elle est impossible à bouger. Et Illana pense avoir trouvé à quel endroit précis elle est verrouillée. Elle appelle ses cousins.

– Venez voir ! dit-elle. Il y a quelque chose de ce côté.

À l'une des extrémités de la grille, Illana a en effet repéré une sorte de clenche* maintenue fermée par un boîtier. Arthur et Minh s'approchent et Minh observe plus en détail le boîtier.

– Oh oh… remarque-t-il. Il y a un code.

Le boîtier fait apparaître quatre doubles cases, sur quatre petits tableaux de quatre couleurs différentes. En dessous, il y a un pavé numérique, avec les chiffres de 0 à 9. Minh a vu juste. Le garçon adore déchiffrer des messages codés et résoudre des énigmes ; mais dans les livres qu'il lit ou les jeux auxquels il s'adonne, il y a toujours un minimum d'indices… Là, il ne voit pas ce qui pourrait leur permettre de trouver les quatre nombres qui, selon toute vraisemblance, permettent de déverrouiller la grille.

Arthur, lui, ne s'intéresse pas du tout à la question. Il a aperçu l'éléphant, en haut de l'escalier qui se trouve face

* Barre de métal permettant de bloquer une ouverture.

à lui. Et il n'a qu'une envie : grimper les marches quatre à quatre et aller voir le pachyderme de plus près.

Quant à Illana, elle observe les petits tableaux.

– Laisse-moi réfléchir… dit-elle à Minh. S'il y a des couleurs, ça ne doit pas être par hasard. À quoi peuvent-elles correspondre ?

Elle regarde tout autour d'elle. Un peu plus loin, un plan du muséum est fixé au mur. Elle décide d'aller voir.

Le plan détaille les quatre grandes zones du musée : « la vie », qui explique les mécanismes de l'évolution, « l'homme », qui montre l'influence de celui-ci sur l'environnement, « les milieux marins », qui illustre la diversité des espèces évoluant sur ou dans l'eau, et enfin

« les milieux terrestres », qui présente la diversité animale sur la terre ferme.

– Minh ! s'exclame-t-elle. On dirait que le musée utilise justement un code couleur !

Minh contemple à son tour le plan. Illana dit vrai : sur le plan, l'espace consacré à la vie est en jaune, celui consacré à l'homme en orange, la partie où se trouvent les animaux marins en bleu et celle où se trouvent les animaux terrestres en vert. Or, sur le boîtier, les tableaux sont justement… jaune, orange, bleu et vert !

– Et s'il y avait un nombre caché dans chaque zone du musée ? suggère Illana.

Minh examine de nouveau le plan.

– Il n'y a rien sur les zones du plan, en tout cas, conclut-il.

– On n'a plus qu'à explorer le musée, fait Illana en attrapant un des prospectus sur lesquels est reproduit le plan du musée, qu'elle glisse dans sa poche.

Arthur ne les a pas attendus : il vient de s'engager dans l'escalier qui mène à la nef centrale.

– Oh là là, c'est trop bien ! s'écrie-t-il une fois en haut. Montez, il y a des animaux gigantesques !

D'un coup d'œil entendu, Illana et Minh décident d'obéir. En quelques secondes, ils sont aux côtés d'Arthur.

– C'est la partie terrestre, constate Minh.

– La zone verte, précise Illana.

Arthur se précipite vers l'impressionnante caravane de la savane africaine…

Trouveront-ils un premier code parmi les animaux d'Afrique ?

Tu le sauras après avoir classé ces noms d'espèces par ordre alphabétique, et relevé le sixième nom.

Si tu as trouvé MAMMOUTH → Va au n° 4.
Si tu as trouvé GIRAFE → Va au n° 8.
Si tu as trouvé IGUANODON → Va au n° 9.

mémo 5

13 

Ce n'est pas la bonne réponse. As-tu bien observé le chiffre des unités ? → Refais l'exercice du n° **9**.

14 

Tu t'es trompé(e) ! Compare les nombres en partant de la gauche : chiffre des milliers, chiffre des centaines, chiffre des dizaines... → Recommence l'exercice du n° **9**.

15 

Arthur, lui, ne semble pas du tout découragé. Pour l'instant, la seule chose qui le préoccupe, c'est de remettre à sa place cet os qui s'est détaché. Il se dresse sur la pointe des pieds et, après avoir repéré une sorte d'encoche, il tente de repositionner l'os. Illana observe sa manœuvre, pas franchement rassurée : il ne faudrait pas qu'Arthur perde l'équilibre et, en prenant appui sur le squelette, fasse dégringoler l'ensemble… Ce serait catastrophique !

Mais heureusement, Arthur s'applique et l'os retrouve sa place initiale. Arthur retient son souffle. Puis il s'accroupit pour observer le squelette par en dessous…

– Ça tient ! s'exclame-t-il avant de lâcher un cri de victoire.

C'est en faisant un pas afin de s'assurer que son cousin n'a pas déclenché de catastrophe qu'Illana l'aperçoit :

là, sur le panneau donnant des explications à propos de l'iguanodon, il y a un carré vert. Une sorte de case… Illana s'approche : deux chiffres figurent dans cette case !

– Eh, j'ai trouvé quelque chose ! annonce-t-elle.

Ses cousins avancent vers elle.

– Là, dit Illana en désignant le panneau. Un nombre sur un fond vert.

Effectivement, les garçons distinguent un 26 qui brille sur le fond couleur prairie. Minh applaudit.

– Bien joué, cousine ! lance-t-il.

Se rappelant tout à coup qu'elle a pris un plan sur le présentoir à l'entrée, Illana tire le prospectus de sa poche.

– Alors ? demande Minh en jetant un œil par-dessus son épaule.

– Il n'y a aucun 26 sur ce plan, affirme Illana. Ce nombre ne renvoie à rien.

– Et les autres panneaux ne sont pas ornés de cases vertes… fait remarquer Minh.

– Je suis sûre que c'est le premier code ! s'écrie Illana.

Et sans attendre l'avis de Minh, elle redescend l'escalier et court jusqu'à la grille du rez-de-chaussée.

– À nous deux, dit-elle comme si la grille pouvait lui répondre.

Elle se place devant le boîtier et se concentre sur la double case de couleur verte. C'est le moment d'agir. Minh la rejoint alors qu'Illana finit de taper le 6 sur le pavé numérique.

Tout comme Arthur quelques instants auparavant, Minh et Illana retiennent leur souffle. Leur jeune cousin ne les a pas suivis : il est toujours auprès des dinosaures, à étudier les fascinants voisins de l'iguanodon. Et tandis qu'il se plonge dans l'observation du gigantesque squelette d'un tricératops, un bruit de déverrouillage se fait entendre.

– Hourra ! s'exclament Illana et Minh d'une seule voix.

Mais leur enthousiasme retombe vite : s'ils ont réussi à trouver le premier code, il y en a trois autres à découvrir pour déverrouiller entièrement la grille. Des codes qui doivent être cachés dans les recoins de ce muséum immense…

– On va devoir être méthodiques, annonce Minh, et inspecter une à une les autres zones du musée. Par où va-t-on continuer ?

Sa cousine le regarde et hausse les épaules. Elle n'en a pas la moindre idée.

Où les cousins vont-ils maintenant poursuivre leurs recherches ?

Tu le sauras après avoir choisi la couleur qui correspond aux verbes du 2e groupe.

Groupe jaune	Groupe orange	Groupe bleu
remettre, descendre, apercevoir, poursuivre, entendre	tenter, repositionner, détacher, donner, trouver	applaudir, agir, bondir, finir, réussir

Si tu as choisi JAUNE → Va au n° 3 pour voir si les cousins vont aller dans la zone consacrée à l'évolution de la vie.

Si tu as choisi ORANGE → Va au n° 10 pour voir s'ils vont aller dans la zone consacrée à l'Homme.

Si tu as choisi BLEU → Va au n° 11 pour voir s'ils vont aller dans la zone des milieux marins.

mémo 3

Le piège du squelette géant

1 

Les deux cousins décident de continuer leurs recherches dans la partie du musée consacrée aux « milieux marins ». Celle-ci se trouve en contrebas.

– Arthur ! appelle Minh. On descend, tu viens nous aider ?

– J'arrive ! répond l'intéressé, délaissant à regret le squelette de vélociraptor dressé sur ses pattes arrière qu'il était en train de contempler.

Il rejoint ses cousins et tous trois descendent dans la zone bleue. Instantanément, ils ressentent l'ambiance sous-marine : la faible luminosité naturelle et l'absence d'éclairage électrique rendent les reproductions encore plus réelles. Les rayons du soleil qui parviennent jusqu'ici depuis la verrière se réfléchissent sur la peinture bleue qui orne le sol et les panneaux verticaux. Ici aussi, on s'y croirait!

– C'est comme si on avait vraiment plongé dans les profondeurs… murmure Illana en regardant tout autour d'elle.

Malgré la crainte d'être coincée dans le musée pour la nuit, elle savoure. Depuis toujours, Illana est passionnée par le règne animal en général et par le monde marin en particulier. Ses parents le savent bien : dès qu'ils vont quelque part, la première chose que leur fille veut savoir est s'il y a un aquarium à proximité. Et si c'est le cas, elle demande bien sûr à le visiter. Illana sait bien que les spécimens exposés dans ce niveau du musée ne sont pas vivants, mais elle les observe comme s'ils l'étaient.

La zone des plaines abyssales, où les espèces résistent au froid, celle des sources hydrothermales, ces sources chaudes cachées au fond des océans, ou encore celle des récifs coralliens, ces milieux construits par des organismes vivants... La jeune fille ne sait où donner de la tête. Elle a l'impression d'avoir enfilé un scaphandre et de se promener dans le silence des fonds marins. Bonjour, dame tortue ! À côté d'elle, Arthur est presque aussi émerveillé. Il est subjugué par le calmar géant qui déploie ses tentacules dans les airs.

Minh, lui, parvient à ne pas perdre de vue leur objectif. Il observe chacun des cartouches donnant des explications sur les mollusques, puis ceux des poissons.

– Pfff... finit-il par soupirer, c'est peine perdue.

– Pourquoi ? s'informe Arthur, qui s'imagine en train de nager avec le calmar.

– Ben, il n'y a rien ! s'exclame Minh.

En effet, rien ne sort de l'ordinaire, rien ne ressemble à un code, et il n'y a aucun nombre sur fond bleu... Il a pourtant regardé avec soin.

– Venez, lance-t-il, allons voir de ce côté.

Il désigne l'espace des mammifères marins. Ici aussi, une zone reproduit l'environnement de l'Arctique et de l'Antarctique : morses, manchots et pingouins se dressent sur de la fausse glace. Plus loin, les trois enfants découvrent des requins, un rorqual bleu, un narval avec sa longue défense ainsi qu'un immense squelette de baleine qui attire tout de suite Illana et Arthur.

Minh, lui, s'est arrêté près du narval. Il vient de repérer une étiquette bleue.

– Venez voir ! dit-il. J'ai trouvé quelque chose…

Ses deux cousins jettent un dernier coup d'œil au squelette de baleine et s'approchent…

Que vient de trouver Minh ?

Pour découvrir ce qu'a trouvé Minh, barre la figure qui n'a pas d'axe de symétrie.

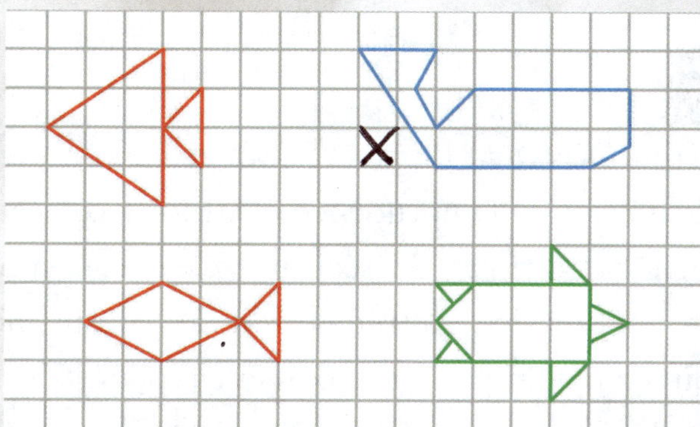

Si tu as barré un POISSON → Va au n° 6.

Si tu as barré la TORTUE → Va au n° 11.

Si tu as barré la BALEINE → Va au n° 13.

mémo 14

2 

Faux. Il faut soustraire le poids du squelette au poids total.

→ Retourne à l'exercice du n° 9.

3 

Bravo ! Il fallait bien écrire : *s'écrier, déclencher, sécurité, intérieur, génial, évent, piéger / derrière, système, complètement, piège.* → Tu peux te rendre au n° **16** pour lire la suite.

4 

Faux. De droite à gauche, il faut lire le chiffre des unités, celui des dizaines, celui des centaines et enfin celui des milliers. → Refais l'exercice du n° **16**.

5 

– Arthur ! s'écrient Illana et Minh en chœur.

Ni leurs cris, ni l'imprudence d'Arthur n'ont cette fois déclenché le système de sécurité. Celui-ci semble bel et bien hors service. Autrement dit, les cousins ne vont pouvoir compter que sur eux-mêmes pour faire sortir Arthur de là…

Le plus jeune, lui, ne semble pas franchement inquiet. Il ne s'est pas trompé : derrière le rideau de fanons, l'intérieur de ce squelette constitue une cachette géniale !

Minh et Illana se regardent.

– Je ne vais pas là-dedans, annonce d'emblée Minh.

– Moi non plus, réplique sa cousine.

Elle se gratte la tête.

– Laisse-moi réfléchir… Je connais pas mal de choses sur les baleines.

De nouveau, Illana fait appel à ses connaissances sur ce monde marin qui la passionne.

– Arthur, dit-elle, écoute-moi bien. Tu vas avancer vers la queue de la baleine. Tu devrais pouvoir te glisser entre son crâne et le début de sa colonne vertébrale.

– On ne va pas démonter un squelette à chaque niveau! s'agace Minh.

Même sans dispositif de surveillance, il est très irrité que son cousin brave ainsi des interdits. Les règles sont faites pour être respectées, voilà ce que pense Minh. Sinon, des règles, il n'y en aurait pas!

Arthur se montre raisonnable et il écoute ses cousins. Il se hisse sur l'omoplate, très large, puis sur le crâne du cétacé. Il est à présent perché très haut.

– Je ne vais pas sauter, déclare-t-il, je risquerais de me casser une jambe.

Minh avise alors le petit balcon qui permet d'observer le squelette du dessus, à mi-hauteur entre le niveau des animaux marins et celui des animaux terrestres.

– Montons là-dessus ! suggère-t-il à sa cousine.

– OK ! approuve Illana.

– N'empêche que tout ça ne nous donne pas le nombre qu'on cherche… réalise Minh tandis qu'ils grimpent les quelques marches permettant d'accéder au petit balcon.

Illana y pense, elle aussi.

– Les baleines bleues ont entre 250 et 320 fanons, indique-t-elle, mais je ne sais pas si ça nous aide…

Quelle sera la priorité des cousins : Arthur ou le code ?

Pour le savoir, place ces mots dans le tableau en fonction de l'accent qui leur manque. Dans quelle colonne y en a-t-il le moins ?

s'ecrier – declencher – systeme – interieur – event – completement

securite – derriere – genial – piege – pieger

é	è
1 - 2 - 5 - 7 - 9 - 11	3 - 4 - 6 - 8 - 10

Si tu as trouvé la colonne de gauche (é) → Va au n° 14.

Si tu as trouvé la colonne de droite (è) → Va au n° 3.

mémo 2

6

Tu t'es trompé(e). Tu dois identifier la figure qui n'a *pas* d'axe de symétrie. → Refais l'exercice du n° 1.

7

Ce n'est pas la bonne réponse, il faut utiliser la soustraction. → Recommence l'exercice du n° 9.

8

Tu t'es trompé(e). Tu as choisi le groupe des mammifères. Les mollusques ont un corps mou et, souvent, une coquille externe. → Retourne à l'exercice du n° 13.

9

Un rébus : voilà ce que Minh a en tête. Il pense que c'est ce dont il s'agit avec ces deux dessins placés côte à côte. Il n'attend pas pour le dire à ses cousins :

– Je ne pense pas que ce soit la peine de chercher parmi les espèces, annonce-t-il à Illana. À mon avis, nous nous trouvons face à un rébus.

– Un rébus ! répète Arthur en se détachant du narval. J'adore ça, moi, les rébus.

– Alors… « carton pelote » ? propose-t-il en fronçant les sourcils.

– Ça ne veut rien dire, fait remarquer Illana.

Elle est un peu déçue de ne pas utiliser ses connaissances en matière d'animaux marins avec cette histoire de pelotes de réjection. Elle participe malgré tout et tente à son tour de trouver la solution du rébus.

– « Carton laine » ? suggère-t-elle.

Après tout, s'il ne s'agit pas d'une pelote, le dessin désigne peut-être cette « laine » à laquelle Arthur avait instantanément pensé en le découvrant. À peine a-t-elle énoncé sa proposition que Minh tape dans ses mains.

– Je l'ai ! s'exclame-t-il. C'est « bas laine » ! Baleine ! À mon avis, c'est la baleine qui va nous donner la réponse !

Les trois cousins se tournent vers l'immense squelette de baleine, très impressionnant, installé derrière une reproduction de requin pèlerin. Ils se jettent un regard entendu avant de s'avancer avec une synchronisation parfaite.

– C'est une baleine bleue ? demande Arthur une fois arrivé près de la structure osseuse.

– Une baleine noire, je dirais, indique Illana. Qu'on appelle aussi baleine australe.

– C'est bien ça, confirme Minh en lisant le cartouche placé à proximité.

Ce qui les impressionne tout particulièrement, c'est la mâchoire de l'animal avec ses fanons, ces lames cornées qui en garnissent la partie supérieure. Chacun d'eux mesure au moins 1,50 mètre !

– Regardez, elle a des mains sur le côté ! s'étonne Arthur.

– Non, ce sont ses nageoires, rectifie Illana.

Minh lit les informations figurant sur le cartouche. Tout ce que dit Illana est vrai. La baleine dont le squelette se déploie devant eux est une femelle adulte, capturée en 1844 dans les eaux baignant les côtes de la Nouvelle-Zélande. Le squelette mesure 14 m de long et pèse 1 850 kg. La baleine vivante, elle, pesait 42 tonnes. Minh s'arrête sur chaque nombre, mais aucun n'est entouré d'un cadre bleu ou de quoi que ce soit aidant à identifier les deux chiffres qui déverrouilleraient la grille. À cause de la chasse, la baleine australe a failli disparaître ; heureusement, elle est protégée depuis 1937. Est-ce une indication ?

Il est en train de se poser la question quand un craquement retentit.

– Arthur, qu'est-ce que tu fabriques ? panique son cousin.

Non content d'avoir manipulé un os de dinosaure, le plus jeune des trois cousins s'est approché de l'étrange rideau formé par les fanons de la gigantesque baleine en se disant que cela ferait une sacrée cachette… Le curieux s'y est glissé mais les fanons se sont refermés sur lui : voilà Arthur piégé dans la baleine !

Comment Arthur va-t-il pouvoir ressortir de la baleine sans l'abîmer ?

La baleine vivante pesait 42 tonnes et son squelette pèse environ 2 tonnes. Quel était le poids de la baleine hors squelette ?

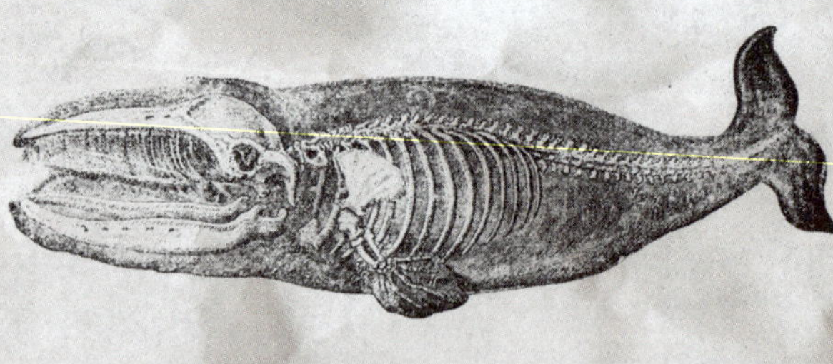

Gravure, 1889.

Si tu as trouvé 40 tonnes → Va au n° 5.
Si tu as trouvé 44 tonnes → Va au n° 2.
Si tu as trouvé 422 tonnes → Va au n° 7.

mémo 10 mémo 12

10 

Tu t'es trompé(e). N'as-tu pas confondu le chiffre des milliers et celui des centaines ?

→ Recommence l'exercice du n° 16.

11 

C'est faux. Pour trouver un axe de symétrie, tu peux reproduire la forme et la plier en deux : les parties doivent se superposer.

→ Recommence l'exercice du n° 1.

12 

Tu t'es trompé(e). Ne confonds-tu pas mollusques et crustacés ? Les crustacés ont une carapace plus ou moins rigide. → Refais l'exercice du n° 13.

13 

Collée sur le panneau présentant le narval, l'étiquette bleue qu'a remarquée Minh est de même format que l'étiquette verte. C'est ce qui a attiré son attention. Sauf qu'il ne s'y trouve aucun nombre !

– Qu'est-ce que c'est que ce bazar ? demande Arthur en fronçant les sourcils.

Illana et Minh se penchent eux aussi au-dessus de l'étiquette.

Là où un 26 brillait sur le fond vert, sur le fond bleu apparaissent deux petits dessins. Le premier représente un carton avec une flèche vers le bas, le second une pelote de laine.

– Je suis sûr que c'est la bonne étiquette, affirme Minh. Mais elle ne contient pas directement le nombre à relever. On dirait plutôt… un genre de code. Ou une indication pour aller chercher le nombre ailleurs.

– Une pelote… dit Illana. Attendez. Certains animaux en fabriquent…

– Oui, les moutons par exemple, ou bien les lamas, les chameaux… énonce Arthur.

– Sauf que nous sommes au niveau des animaux marins, rappelle sa cousine. Tu viens de citer des animaux terrestres qui donnent de la laine… Mais certaines espèces sous-marines fabriquent naturellement des pelotes de réjection*.

Aussitôt, elle se creuse la tête pour se souvenir des animaux marins qui produisent naturellement des pelotes…

* Boulettes rejetées par certains animaux, contenant les éléments non digérés de leurs proies (poils, os, coquilles, arêtes de poisson…).

– Si on identifie les animaux marins qui correspondent, il suffira alors d'aller les inspecter. À tous les coups, le nombre qu'on cherche se trouve sur l'un d'eux, pressent-elle.

Illana réfléchit. Elle sait que ces pelotes sont rejetées par différents oiseaux, comme les chouettes effraies et les chouettes hulottes, les hiboux moyen-ducs, les corbeaux et les corneilles, les pies ou encore, en bord de mer, les martins-pêcheurs… Mais il lui semble que c'est aussi le cas des salpes*, du zooplancton, de certains poissons et également des cétacés…

Tandis qu'elle va de spécimen en spécimen, en quête de ceux qui pourraient correspondre, Arthur contemple le narval, ce cétacé surnommé « licorne des mers » en raison de la défense torsadée qui pousse au-dessus de sa mâchoire.

Mais Minh, lui, a fait quelques pas sur le côté. Il vient d'avoir une tout autre idée…

---

* Petits animaux marins ressemblant aux méduses et se déplaçant de la même manière, dont le corps gélatineux mesure entre 1 et 10 centimètres.

Quelle idée vient d'avoir Minh ?

Pour le savoir, observe ce panneau d'informations sur les animaux marins et entoure le groupe qui correspond aux mollusques.

Groupe C
avec carapace
Crevette
Homard
Langouste
Araignée de mer
Crabe
Écrevisse

Groupe R
sans carapace / avec ou sans coquille / corps mou
Palourde
Bigorneau
Pieuvre
Ver marin
Huître
Calmar

Groupe D
des vertébrés
Dauphin
Phoque
Otarie
Baleine
Narval
Bélouga

Si tu as entouré le groupe C comme CODE
→ Va au n° 12.
Si tu as entouré le groupe R comme RÉBUS
→ Va au n° 9.
Si tu as entouré le groupe D comme DEVINETTE
→ Va au n° 8.

mémo 19

14 

Tu t'es trompé(e). L'accent aigu (é) produit le son « er », l'accent grave (è) produit le son « ai ».

→ Recommence l'exercice du n° 5.

15 

Bravo ! → Accompagne les trois enfants au premier balcon au chapitre **3**.

16 

Perchés sur le balcon situé au-dessus de l'immense squelette, Minh et Illana aident Arthur à sortir de la baleine. Ouf !

– Ne refais pas ce genre de chose, gronde Minh. En plus, ça nous fait perdre du temps, et on n'a toujours pas trouvé l'étiquette bleue.

– Une étiquette bleue ? demande Arthur. Il y en avait une dans la baleine.

– Quoi ? s'exclame Minh.

– Où ? demande Illana exactement en même temps.

– Juste au-dessus du trou de l'un de ses yeux, indique Arthur. Ça m'a marqué parce que j'ai vérifié et il n'y en avait pas au-dessus de la seconde orbite… Mais je n'ai pas compris pourquoi il était écrit 89 dedans.

– 89 ? répète Minh. C'était ça le nombre, tu es sûr ?

– Complètement sûr, affirme Arthur. Je me suis même dit qu'il fallait que j'aille voir en ressortant si ça avait une signification…

– Inutile, assure Minh. C'est le nombre qu'on cherche, c'est certain.

Dans tout ce qu'il a lu, il n'y avait pas de 89, il s'en souviendrait.

– En tout cas, ajoute Illana, on va pouvoir le vérifier tout de suite.

Arthur lève un sourcil interrogateur.

– Comment ça, le vérifier ? demande-t-il.

Sa cousine a ressorti le plan de sa poche. Aucun 89 ne figure dans la partie bleue, ni ailleurs. C'est plutôt bon signe, se dit-elle.

– On a tapé le premier code sur le boîtier fixé à la grille, en bas, pendant que tu étais occupé avec ton iguanodon. Le 26 sur fond vert, rappelle Illana. On sait que c'était le bon nombre car il y a eu un bruit de déverrouillage tout de suite.

– OK… dit Arthur. Alors, comme c'est moi qui ai trouvé le 89 dans la baleine, c'est moi qui vais le taper à la porte ! déclare-t-il.

Minh et Illana se regardent. Minh hausse les épaules.

– Si tu veux, dit-il.

Et sans attendre, les trois cousins remontent en direction de la porte par laquelle ils sont entrés. Arthur se place devant le boîtier. Il hésite.

– C'est bien celui-là ? demande-t-il en désignant la double case de couleur bleue.

Illana hoche la tête. Cérémonieusement, Arthur presse la touche 8 puis la touche 9 du pavé numérique. Et cette fois, c'est à trois qu'ils retiennent leur souffle. Mais ils n'ont pas à le faire longtemps : deux secondes plus tard, le fameux bruit de déverrouillage se fait entendre.

– Yes ! applaudit Arthur.

Il n'est pas peu fier de cette petite victoire. Minh tempère son enthousiasme :

– On n'est pas encore libres… rappelle-t-il. On a encore deux codes à trouver pour déverrouiller complètement la porte.

– Le code orange et le jaune, précise Illana en consultant le plan. Où on va maintenant ? Dans la zone consacrée à l'homme, ou dans celle sur l'évolution de la vie ?

Arthur lève les yeux vers les hauteurs du musée. Deux balcons courent au-dessus de l'espace consacré aux milieux terrestres par lequel ils ont commencé leurs recherches.

– Le premier balcon, là, c'est quoi ? interroge-t-il.

– « L'évolution de l'homme et son influence sur l'environnement », répond Illana en lisant l'intitulé qu'elle a sous les yeux.

Par quelle zone vont-ils poursuivre ?

Tu le découvriras après avoir résolu ce problème.

Mon chiffre des unités est le même
que celui de mes centaines.
Mon chiffre des dizaines est le même
que celui de mes milliers.
Quel nombre suis-je ?

Si tu as choisi 6 757 → Va au n° 4 pour voir si les cousins vont faire une pause dans leurs recherches.
Si tu as choisi 7 667 → Va au n° 10 pour voir s'ils vont poursuivre par le second balcon.
Si tu as choisi 8 787 → Va au n° 15 pour voir s'ils vont poursuivre par le premier balcon.

Relève le chiffre des unités de la première méduse.

Écris ta réponse : 7 **C'est ton DEUXIÈME INDICE.**

N'oublie pas de le reporter page 93.

mémo 8

Enquête au balcon

1 

Les cousins prennent l'escalier, Arthur en tête, Minh à sa suite et Illana fermant la marche. Direction le premier balcon, large de plusieurs mètres et qui permet de faire un tour intérieur du bâtiment.

– Je sens que ça va moins m'intéresser que les animaux, annonce Arthur tout en montant.

Il a sauté de joie quand ses grands-parents ont proposé cette visite au musée. Et pour l'instant, ni les squelettes de dinosaures ni les reproductions de gros mammifères ne l'ont déçu.

– Attends de voir, commente Illana.

Lorsqu'ils arrivent en haut du premier escalier, Minh déclare à l'attention de son jeune cousin :

– Tu vas être content : il y en a, des animaux. Mais je te rappelle qu'on cherche un nombre sur une étiquette orange.

Minh sait que lorsque le soleil commencera à décliner, ils n'y verront plus rien. Et puis rien qu'à l'idée de passer la nuit ici sans manger, il se met à avoir faim !

– Oui oui, fait évasivement Arthur.

Son regard a déjà été attiré par quelque chose, un peu plus loin. Il s'agit d'un lémurien de Madagascar, une espèce en danger. Arthur s'avance pour mieux l'observer. Quel dommage que l'électricité ne fonctionne pas ! Avec le spot qu'il remarque au-dessus de la tête de l'animal, ce serait bien plus intéressant.

Minh a raison : la présentation de l'évolution de l'homme et de son influence sur l'environnement ne peut se faire sans les animaux. La chasse, la pêche, la domestication des espèces… les animaux sont aux côtés de l'homme depuis toujours ou presque. Ou plutôt, depuis toujours ou presque les animaux subissent l'homme, entre ses comportements et la pollution dont il est responsable... Tout ceci modifie l'équilibre naturel.

Illana marque un temps d'arrêt devant le panneau présentant la cueillette. Elle s'interroge : dans quel état serait la planète aujourd'hui si les humains s'en étaient tenus à ça ? C'est alors que Minh, un peu plus loin derrière elle, laisse échapper un bruit bizarre. Comme s'il avait avalé de travers.

– Quoi ? s'inquiètent Illana et Arthur en le rejoignant.

– Regardez ça. C'est ultra flippant ! déclare Minh.

Il se tient devant un gros cube transparent dans lequel apparaissent des emballages divers écrasés : boîtes de biscuits, canettes de soda, bouteilles vides, emballages plastique en tous genres...

– C'est dégoûtant ! commente Arthur en plissant le nez.

Le cube, pourtant, ne dégage pas la moindre odeur.

Illana fait le tour afin de comprendre de quoi il s'agit. Dans ce bloc sont rassemblés et compressés les déchets produits par une famille de quatre personnes en seulement dix jours.

– Et c'est énorme... ajoute-t-elle. Dire que tout ça se retrouve d'une manière ou d'une autre dans la nature... À partir de maintenant, je vais faire plus attention.

– Moi aussi, renchérit chacun de ses cousins.

Minh revient à leur priorité du moment :

– OK, mais ça ne doit pas nous faire oublier ce qu'on est en train de chercher... rappelle-t-il.

Que vont-ils aller observer à présent ?

Pour le savoir, complète ce tableau à propos du cube.

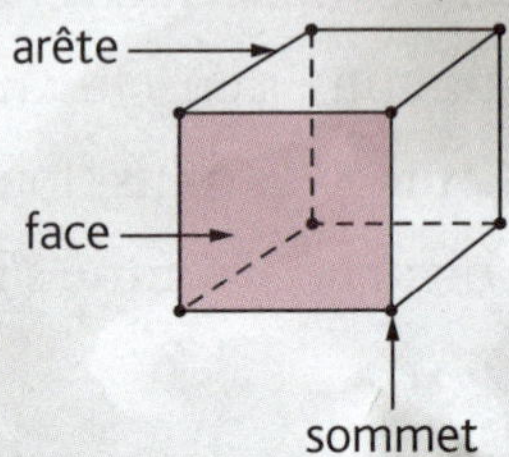

Nombre de faces	6
Nombre de sommets	8
Nombre d'arêtes	12

Si tu as trouvé 4 / 6 / 8 → Va au n° 6.
Si tu as trouvé 6 / 8 / 10 → Va au n° 11.
Si tu as trouvé 6 / 8 / 12 → Va au n° 13.

mémo 15

2

Tu t'es trompé(e). Un mètre (m) équivaut à 100 centimètres. → Recommence l'exercice du n° 9.

3

Faux. Repère l'infinitif de chaque verbe et regarde si les terminaisons sont au présent ou au futur.

→ Refais l'exercice du n° 5.

4

Tu t'es trompé(e). 1994 se situe avant 2006.

→ Recommence l'exercice du n° 16.

5 

Minh est passionné de codes secrets et cela tombe bien. Rapidement, il passe en revue tous ceux qu'il connaît : le code Avocat (A vaut K), le code Cassette (K = 7 = G), le code WC (W = C), le code Cassé (K = C)… Comment trouver celui qui a été utilisé ici ?

Illana secoue la tête. Les deux seuls codes qu'elle connaît sont l'alphabet inversé et l'alphabet chiffré, où l'on remplace les lettres par leur rang dans l'alphabet. Ça ne peut pas être celui-là ici ; et l'alphabet inversé non plus ne donne rien.

– Tu as demandé au dodo de nous aider ? demande Arthur avec un clin d'œil.

– Ce n'est pas le moment de plaisanter, rétorque Illana. Ça ne sert à rien qu'on monte au second balcon tant qu'on n'a pas déchiffré ce message…

Minh bondit soudain sur ses pieds.

– César ! s'exclame-t-il.

– Ave César, réplique aussitôt Arthur en caricaturant un salut militaire.

– Mais non, banane ! s'exclame son cousin. César, c'est un code ! Et on dirait bien que c'est celui-ci…

À force de se creuser la tête, Minh s'est souvenu de l'existence de ce code que, d'après la légende, l'Empereur utilisait pour ses correspondances secrètes.

– Et il consiste en quoi ? se renseigne Illana.

– C'est un alphabet décalé tout simple : on remplace chaque lettre par celle qui la suit dans l'alphabet. Pour coder, A = B. Et pour décoder…

– B = A ! termine Illana.

– Exactement ! confirme Minh. C'est parti, on décode !

Les enfants se répartissent les lignes : la première est pour Illana, la deuxième, qui est également la plus courte, pour Arthur, et Minh se réserve la troisième, qui est aussi la plus longue. Pas si facile ! Mais grâce à leurs efforts, au bout de quelques minutes le message devient compréhensible, et une question apparaît :

FO DPNCJFO EF KPVST
PCUJFOU-PO
MF CMPD EF EFDIFUT FYQPTF ?
↓
En combien de jours
obtient-on
le bloc de déchets exposé ?

– 10, répond aussitôt Arthur.

Les deux autres s'en souviennent aussi. Le cube transparent les a marqués. Par prudence, ils retournent tout de même dans l'espace consacré à la pollution. Le bloc représente bien dix jours de déchets. Illana fronce les sourcils :

– C'est le nombre à taper, d'après vous ? demande-t-elle. Dix est un nombre à deux chiffres…

– Pour le savoir, il faut qu'on descende vérifier, répond Minh.

Arthur les regarde en secouant la tête :

– Moi je ne descends pas, après il faudra tout remonter. Je vous attends là, OK ?

– Sympa, la solidarité, fait remarquer Illana.

Et Minh et elle entreprennent de redescendre au rez-de-chaussée.

Est-ce une bonne idée de se séparer ?

Tu le sauras après avoir relevé les verbes au futur dans le paragraphe suivant.

Les enfants se répartissent les lignes : Illana décodera la première, Arthur déchiffrera la deuxième et Minh s'occupera de la troisième. Ils obtiennent une question et décident qu'ils redescendront à la porte après avoir vérifié la réponse au bloc de déchets.

Si tu as relevé 4 verbes au futur → Va au n° 16.
Si tu as relevé 5 verbes au futur → Va au n° 3.
Si tu as relevé 6 verbes au futur → Va au n° 14.

mémo 4

6 

Ce n'est pas la bonne réponse. Pour t'aider, tu peux construire un patron de ton solide.

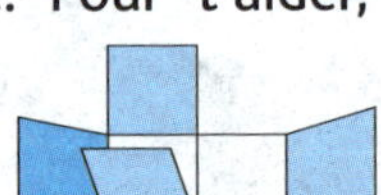

→ Refais l'exercice du n° 1.

7 

Ce n'est pas la bonne réponse. N'as-tu pas confondu le mètre (m) et le millimètre (mm) ?

→ Retourne à l'exercice du n° 9.

8 

Faux. Un nom propre désigne une chose unique, comme une personne (nom ou prénom) ou un lieu.

→ Refais l'exercice du n° 13.

9 

– Je pense qu'on devrait aller voir au second balcon, déclare Minh. Les deux derniers codes y sont peut-être cachés.

– Ça ne correspond pas aux couleurs du plan mais bon… tu as sans doute raison, admet Illana.

Arthur désigne l'escalier du menton.

– Alors c'est par là ! s'exclame-t-il.

Illana semble hésiter.

– Je… Je vous rejoins dans une minute, vous pouvez y aller, dit-elle.

– Qu'est-ce que tu vas faire ? lui demande Arthur.

– Je… J'ai perdu mon mouchoir dans la salle des espèces disparues, ment sa cousine.

Et Illana fait demi-tour. Si elle a menti pour le mouchoir, en revanche elle a dit la vérité concernant la salle des espèces disparues : c'est bien là qu'elle se rend. Mais elle n'y a rien perdu du tout. Ses pas la mènent directement à la vitrine de la reproduction du dodo.

– Salut toi… murmure-t-elle. Je voulais te faire un dernier coucou avant de quitter ce balcon.

Dans sa tête résonne la voix d'Arthur: «Tu crois qu'il t'entend?» Illana sait bien que non, mais elle a ressenti le besoin de revoir le dodo. C'est comme ça, ça ne s'explique pas.

Elle est en train de faire une dernière fois le tour de la vitrine du volatile disparu quand son œil est attiré par un détail qui lui avait échappé précédemment. Une étiquette! Et de couleur orange! Elle se confond avec le support en bois sur lequel est posé l'animal, voilà pourquoi elle ne l'avait pas remarquée plus tôt.

Illana se penche. Elle imagine la tête de ses cousins quand elle les rejoindra avec le nombre qu'elle aura trouvé… Elle s'immobilise sur place: zut, sur cette étiquette-là non plus, il n'y a pas de nombre. Mais contrairement à l'étiquette bleue, le petit rectangle orange n'affiche pas non plus de dessins. Il ne s'agit pas d'un rébus mais… d'un message totalement incompréhensible:

FO DPNCJFO EF KPVST
PCUJFOU-PO
MF CMPD EF EFDIFUT FYQPTF?

Avec un point d'interrogation final! Donc en plus, c'est une question! Encore une étiquette qui va les emmener ailleurs, façon jeu de piste, comme dans la zone consacrée aux milieux marins… Illana ne peut garder ça pour elle: elle doit appeler ses cousins.

– Minh! Arthur! crie-t-elle en direction de l'escalier à l'autre bout du balcon.

– Qu'est-ce qu'il y a ? répond le plus âgé des garçons.

– Venez voir ! ordonne Illana.

Les deux enfants accourent.

– Tu as trouvé ton mouchoir ? s'informe Arthur en arrivant.

– Oui… enfin non… bref, j'ai trouvé mieux : regardez, il y a un message bizarre sur une étiquette orange. Vous pensez que c'est ce qu'on cherche ?

Arthur et Minh se baissent pour observer la petite étiquette.

– C'est sûrement ça, affirme Minh. Ce message n'est pas bizarre, il est tout simplement codé. À nous de le déchiffrer.

Arthur se redresse.

– Comment peut-on le déchiffrer si on n'a pas le code ? demande-t-il.

Réussiront-ils à déchiffrer le message ?

Tu le découvriras après avoir entouré l'unité qui convient le mieux pour mesurer chaque élément.

A  mm cm m

B  mm cm m

C  mm cm m

Pour quel élément as-tu choisi l'unité m (mètre) ?

Si tu as trouvé A comme AMSTRAMGRAM → Va au n° 2.
Si tu as trouvé B comme BRICOLE → Va au n° 7.
Si tu as trouvé C comme CÉSAR → Va au n° 5.

mémo 11

10 

Ce n'est pas la bonne réponse. Observe bien les dates repères. → Refais l'exercice du n° 16.

11 

Faux. Une arête est la ligne sur laquelle deux faces d'un solide se rencontrent. → Recommence l'exercice du n° 1.

12

Tu t'es trompé(e). Un nom commun désigne une chose, une personne, un animal, et il est souvent accompagné d'un déterminant, tandis qu'un adjectif apporte une précision.

→ Recommence l'exercice du n° 13.

13

Choqués, les enfants s'écartent du cube de déchets.

– Allons voir par là, propose Arthur en pointant du doigt la salle où se trouve le lémurien qu'il observait quelques instants plus tôt.

C'est l'espace du musée consacré aux espèces disparues ou menacées. Les trois cousins avancent ensemble dans cette direction. Tout en marchant, Illana se souvient d'une espèce disparue sur laquelle un élève de sa classe avait fait un exposé, l'année dernière. Le nom de l'animal l'avait marquée car elle l'avait trouvé amusant : l'animal s'appelait le dodo. Son histoire, en revanche, était triste : ce drôle d'oiseau lent et glouton vivait tranquillement sur l'île Maurice, dans l'océan Indien. Comme il n'avait pas de prédateur, il avait peu à peu perdu la capacité de voler ; ses ailes et sa queue s'étaient raccourcies, tandis qu'il utilisait son bec long et crochu pour casser les noix de coco. Et puis l'homme avait débarqué sur l'île. Non seulement il chassait le dodo, le mangeant et utilisant ses plumes, mais il était accompagné de différents animaux : des chiens, des rats, des cochons… qui s'en prirent eux aussi au dodo ainsi qu'à ses œufs, facilement accessibles puisque le dodo restait toujours au sol.

– C'est si triste que des espèces disparaissent, déclare Illana en approchant. Comme ce si gentil dodo…

Arthur la tire par le bras.

– Regarde, Illana : il y a justement un gros dodo ici !

Illana s'approche de la reproduction grandeur nature.

– Pauvre dodo, je suis désolée, dit Illana en s'adressant au spécimen derrière sa vitre. Je présente mes excuses à la place des hommes qui ont fait ça il y a plusieurs siècles !

Le volatile d'un mètre de haut, au plumage blanc et gris et aux pattes semblables à celles des poules, demeure immobile.

– Tu crois qu'il t'entend ? rigole Arthur.

Illana hausse les épaules. En cet instant, elle a tout sauf envie de rire. Comprenant son émotion, Arthur lui tapote l'épaule :

– Allez viens, on continue à chercher.

Il repasse à proximité du lémurien de Madagascar si mignon. « Espèce en danger », lit-il. Il ressent lui aussi un pincement au cœur.

Un peu plus loin, Minh consulte une liste d'espèces animales qui ont disparu à cause de l'homme : le lion de l'Atlas et le grizzli de Californie, le rhinocéros blanc et le rhinocéros noir d'Afrique de l'Ouest, le tigre de Java et le loup de Honshū, le puma américain et le bouquetin des Pyrénées, le dauphin de Chine et le phoque moine…

Tous se sont éteints comme le dodo avant eux.

– L'autre jour, dit Minh, j'ai entendu à la radio qu'on avait retrouvé aux Galápagos une tortue d'une espèce qu'on pensait disparue depuis plus d'un siècle. Ça fait une bonne nouvelle au milieu des mauvaises…

Songeurs, les enfants poursuivent leur exploration. Ils parviennent à la zone consacrée à l'avenir de la planète. Au bout de celle-ci, ils doivent se rendre à l'évidence : ils ont fait le tour complet du balcon et ils n'ont pas trouvé le moindre code sur fond orange…

Ont-ils bien tout inspecté ?

Pour le découvrir, souligne dans cette phrase :

- en rouge le nom propre,
- en noir les verbes,
- en bleu le nom commun,
- en vert le pronom personnel sujet.

Illana contemple le dodo.
Elle est triste de ce qui lui est arrivé.

Quel mot as-tu souligné en bleu ?

Si tu as souligné en bleu ILLANA → Va au n° 8.
Si tu as souligné en bleu DODO → Va au n° 9.
Si tu as souligné en bleu TRISTE → Va au n° 12.

mémo 1

14 

Erreur ! Au futur, les terminaisons sont les mêmes pour tous les verbes : *-a* à la 3e personne du singulier et *-ont* à la 3e personne du pluriel. → Recommence l'exercice du n° 5.

15 

Bravo ! → Rends-toi au chapitre 4 pour découvrir le dénouement.

16 

Tandis qu'Illana et Minh descendent vérifier que le nombre qu'ils ont trouvé est bien le troisième code permettant de déverrouiller la grille, Arthur, qui a décidé de s'épargner des efforts inutiles, se plante au pied des marches menant au balcon supérieur. Au bout d'une minute, il est déjà lassé de patienter.

– Pourquoi attendre ici ? se demande-t-il. Je ferais mieux de monter directement au second balcon.

Il ne se souvient plus de la thématique du niveau le plus haut : y trouvera-t-il encore des animaux ? Il juge qu'il n'a pas assez vu d'oiseaux. Des oiseaux qui volent, pas des volatiles qui restent au sol comme ce dodo qui a tant ému sa cousine et qui leur a permis de trouver le code sur fond orange. « Oui, se dit Arthur tout en montant les marches au petit trot, je m'accrocherais bien aux griffes d'un faux rapace en plein vol plané. » Il songe que ce ne serait pas absurde que les créatures ailées soient exposées au plus haut niveau du musée.

Pendant ce temps, Minh et Illana sont arrivés au rez-de-chaussée. Cette fois, c'est Minh qui tape les deux chiffres sur le pavé numérique.

– Trop fort ! s'exclame-t-il en reconnaissant le bruit qui indique le déverrouillage.

Ni lui ni Illana n'ont eu le temps de douter.

– Oui, on peut dire merci au dodo ! sourit celle-ci.

Décidément, cet animal, bien que disparu, est encore

d'une grande utilité. Fiers d'eux, les cousins se tapent dans les mains.

– Plus qu'un code à trouver ! déclare Minh. Allons rejoindre Arthur.

Illana et lui retournent à l'escalier. Ils viennent seulement de commencer à grimper quand un cri résonne sous la haute verrière du musée.

– Arthur ! s'écrie Illana qui a reconnu la voix de son cousin.

Puis elle répète, avec inquiétude :

– Arthur ?

Le jeune cousin ne répond pas. Minh et Illana se mettent à paniquer. Que se passe-t-il ? Arthur a fait une bêtise à chaque niveau du musée ou presque… Qu'a-t-il inventé cette fois ? S'est-il mis en danger ?

Minh et Illana unissent leur voix pour l'appeler de nouveau. En vain. Les deux enfants grimpent quatre à quatre l'escalier. Ils repassent devant le balcon qui retrace l'impact aussi rapide que dévastateur de l'homme sur son environnement. Leur cousin n'y est pas.

– Arthur ? appellent-ils encore.

– À tous les coups, il est déjà là-haut, devine Illana en désignant le balcon supérieur.

Minh et elle se tordent le cou. D'où ils sont, ils ne distinguent personne sur le second balcon.

– On y va ! décide alors Minh.

Ils s'engagent sur-le-champ dans le deuxième escalier.

Qu'est-il arrivé à Arthur ?

Pour le savoir, place sur la frise la lettre de chacun des musées ci-dessous, en fonction de leur date de construction ou d'inauguration.

A. Musée d'Orsay, construit en 1977
B. Musée du quai Branly, inauguré en 2006
C. Grande Galerie de l'Évolution du Muséum national d'Histoire naturelle, inaugurée en 1994
D. Centre Pompidou, construit en 1972

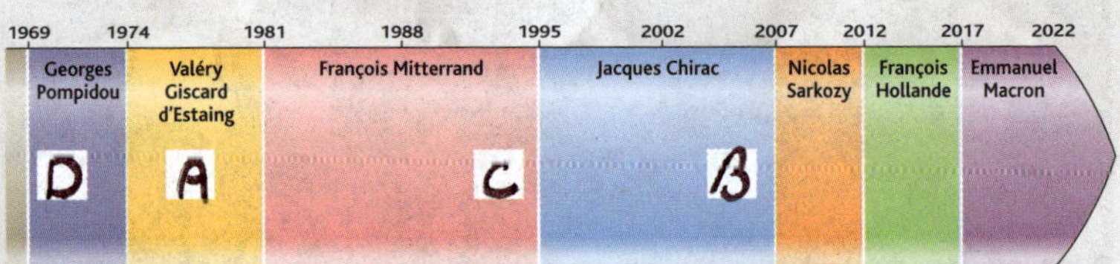

Si tu as écrit dans l'ordre D-C-A-B → Va au n° 10 pour voir si Arthur s'est mis en danger.
Si tu as écrit dans l'ordre D-A-B-C → Va au n° 4 pour voir si Arthur s'est évanoui.
Si tu as écrit dans l'ordre D-A-C-B → Va au n° 15 pour voir si Arthur a fait une découverte surprenante.

Relève le chiffre des dizaines dans la date d'inauguration de la Grande Galerie de l'Évolution.

Écris ta réponse : 9 C'est ton TROISIÈME INDICE.

N'oublie pas de le reporter page 93.

mémo 16

En vitrine

1 

Hors d'haleine, Minh et Illana arrivent sur le balcon consacré à l'apparition de la vie et à son évolution. Leur cousin est là, immobile, leur tournant le dos. Il semble statufié.

– Arthur ! s'exclame Illana après avoir repris son souffle. Qu'est-ce qui se passe ? Pourquoi as-tu crié ? Tu nous as fait peur !

Arthur se retourne et affiche un grand sourire.

– Deux sur quatre ! glousse-t-il en faisant quelques pas de danse.

– Quoi, deux sur quatre ? demande Minh.

– Deux codes ! dit Arthur. J'ai trouvé le bleu dans la baleine, et je viens de trouver le jaune. C'est bien la couleur des dernières cases sur le boîtier, n'est-ce pas ?

Illana n'a pas besoin de ressortir son plan.

– Oui, c'est ça, confirme-t-elle. Et là, on est dans l'espace jaune.

À cet étage sont présentés les grands naturalistes qui ont permis de comprendre l'histoire de la vie, comme Darwin, mais surtout les mécanismes de l'évolution : la reproduction, la transmission, la sélection des espèces... Des panneaux évoquent la paléontologie, la biologie moléculaire, l'anatomie comparée ou encore la génétique. C'est ce dernier thème qui est développé là où s'est arrêté Arthur. Le panneau s'intitule « La génétique des espèces »*. Et le plus jeune des cousins, très content de lui, pointe son doigt vers une étiquette jaune placée dans l'un des coins supérieurs du panneau.

Prêt à l'applaudir, Minh perd son sourire lorsque son regard se pose sur le carré en question :

– Arthur... Ça ne peut pas être ça, les codes sont tous des nombres à deux chiffres ! fait-il remarquer en soupirant.

Arthur regarde mieux l'étiquette. En effet, celle-ci comporte non pas deux mais... quatre chiffres !

– 1414, lit Arthur à haute voix.

– La prochaine fois, observe avant de crier ! lui dit Illana. On a eu peur pour rien, et finalement ce n'est même pas le code qu'on cherche.

Minh pose une main sur le bras de sa cousine.

---

* Les lois de la génétique concernent l'hérédité biologique, c'est-à-dire le fait que les caractéristiques d'une espèce vivante se transmettent de génération en génération.

– Attends… fait-il. Ça me fait douter. Tu es sûre qu'on a bien regardé ? Les dernières cases sont peut-être plus étroites, ce qui fait qu'il y en aurait quatre au lieu de deux…

Illana soupire.

– Si on veut en être absolument certains, il faut retourner voir, dit-elle.

Arthur fait mine de s'étrangler.

– Quoi ? Tout redescendre pour tout remonter ? Alors là, ne comptez pas sur moi, je vous attends ici, s'exclame-t-il.

Illana lève les yeux au ciel – enfin, à la verrière.

– Pourquoi ne suis-je même pas étonnée ? demande-t-elle.

Ce n'est pas vraiment une question, et elle n'attend aucune réponse.

Minh soupire à son tour.

– On n'a plus qu'à y aller… Merci Arthur, on s'en souviendra !

Celui-ci s'en moque : il est très intéressé par la girafe qui, un peu plus loin, tend son cou par-dessus la rambarde. Sa tête est proche de toucher la verrière…

Tant pis s'ils ne peuvent pas compter sur Arthur : Minh et Illana sont bien décidés à sortir de ce musée. Ils redescendent en vitesse. Arrivés en bas, ils se précipitent sur le boîtier : comme les trois autres, le code jaune est composé de deux cases.

– J'avais raison, dit Illana.

Elle se tourne de nouveau vers l'escalier.

– Et maintenant, il va falloir remonter tout ça, dit-elle.

– Désolé, dit Minh. Mais au moins, maintenant, on est fixés.

Sans un mot de plus, les deux cousins démarrent l'ascension.

Ce code à quatre chiffres était-il une fausse piste ?

Tu le découvriras après avoir surligné de la même couleur tous les mots d'une même famille. Quel est l'intrus ?

bêtement remplumer volatile

vol plumeau alphabet volière

bête

bétail plume s'envoler déplumer

Si tu as trouvé VOL → Va au n° 5.
Si tu as trouvé ALPHABET → Va au n° 9.
Si tu as trouvé DÉPLUMER → Va au n° 11.

mémo 6

2

Erreur… As-tu bien multiplié le prix de chaque billet par le nombre de personnes ? → Refais l'exercice du n° 9.

3

Ce n'est pas la bonne réponse. Les antonymes sont des mots dont le sens est opposé.
→ Recommence l'exercice du n° 6.

4

Oh non ! Les cousins peinent à le croire. Le jardin du muséum est là, tout près, mais ils sont toujours enfermés ! Le nez collé à la vitre, ils ont l'impression d'être dans une vitrine, comme trois scarabées brun, blond et roux… C'est ça : ils sont comme des spécimens du musée !

– Ce n'est pas possible, ce n'est pas possible, ce n'est pas possible ! répète Minh. On a fait tout ça pour rien !

C'est aussi ce que se dit Illana. Arthur, lui, pense que quitte à être coincé pour de bon, il ferait tout aussi bien de retourner voir la caravane africaine. Et s'il essayait de grimper sur le dos d'un zèbre ? Ce serait fantastique !

Mais il sent bien qu'il ne peut pas se désolidariser de ses cousins pour le moment. Ils paraissent si tristes de rester bloqués… Il faut dire qu'ils se sont bien cassé la tête pour trouver les quatre codes.

Arthur jette un œil à sa cousine, qui se tient juste à côté de lui. Illana regarde à l'extérieur avec une telle intensité que si ses yeux avaient le pouvoir de découper le verre, ils seraient dehors depuis plusieurs minutes. C'est alors qu'elle aperçoit une silhouette connue… Pas de doute, c'est leur grand-père qu'elle voit là-bas ! Il a l'air d'être en grande conversation avec l'un des gardiens.

– Regardez, c'est Papi ! s'écrie Illana.

– Où ça ? demande Minh, en train d'inspecter les montants des portes vitrées dans l'espoir d'y déceler un mécanisme d'ouverture.

– Là ! répond Illana en montrant la direction du doigt. Il parle avec un gardien ! Il doit être en train de lui expliquer qu'il a perdu ses petits-enfants…

Arthur, Minh et elle se regroupent et se mettent à faire de grands signes tout en sautant sur place.

– Youhou ! Youhou ! crie Arthur.

– Je pense qu'ils n'entendent rien, fait remarquer Minh. Sinon, on les entendrait nous aussi.

– Ça ne fait rien, je continue quand même ! déclare Arthur en reprenant de plus belle. Youhouuu !

Leurs mouvements finissent par attirer l'attention de leur grand-mère, assise sur un banc à quelques mètres de son mari.

– Mamie nous a vus ! s'exclame Arthur.

Finalement, il est bien content qu'on les remarque. Il en a assez du musée pour aujourd'hui.

En les apercevant, leur grand-mère se lève brusquement du banc et court prévenir un deuxième gardien. Tous deux trottinent jusqu'aux portes vitrées, bientôt suivis par Papi.

– On est sauvés ! se félicite Illana.

Mais le gardien qui se tient de l'autre côté de la baie vitrée n'a pas sorti de clés de sa poche. À la place, il fait un curieux mouvement : il trace un cercle dans les airs avec son index…

N'est-il pas possible pour le gardien de les libérer ?

Tu le sauras après avoir répondu à cette question.
En France, le mardi est le jour de la fermeture des musées nationaux.
Comment dit-on « mardi » en anglais ?

TUESDAY WEDNESDAY THURSDAY

Si tu as répondu TUESDAY → Va au n° 12.
Si tu as répondu WEDNESDAY → Va au n° 7.
Si tu as répondu THURSDAY → Va au n° 8.

mémo 20

5

Ce n'est pas la bonne réponse. *Vol* est la racine des mots *volatile, volière, s'envoler.*

→ Retourne à l'exercice du n° 1.

6

Illana remonte jusqu'au balcon supérieur. Elle grimpe les marches lentement : elle est fatiguée par ces allées et venues mais, surtout, elle commence à être découragée. Ils ont trouvé trois des quatre codes nécessaires pour déverrouiller la grille et elle a l'impression qu'ils vont échouer tout près du but. Le dernier nombre paraît impossible à interpréter. Ils sont partis pour passer la nuit dans le musée, et on ne découvrira leur présence que demain matin, quand les gardiens ouvriront la porte au public. Leurs grands-parents vont être morts d'inquiétude.

Lorsqu'Illana pose son pied sur la dernière marche de l'escalier, Minh se tourne vers elle et articule lentement :

– Acide désoxyribonucléique.

– À tes souhaits ! lance Arthur, en pleine observation d'un scarabée dont la carapace aux reflets métalliques semble être en or.

– Acide désoxyribonucléique, répète Minh.

– C'est une formule magique ? demande Illana. Comme « abracadabra » mais version scientifique ?

– C'est l'ADN. ADN, c'est le sigle, mais les trois lettres veulent dire acide désoxyribonucléique.

– D'accord… mais je ne vois pas le rapport avec le nombre qu'on cherche, avoue Illana.

Minh s'approche de sa cousine comme pour lui faire une confidence.

– Essaie de traduire ADN en chiffres avec le code de l'alphabet chiffré, demande-t-il à sa cousine à voix basse. Celui dans lequel on remplace chaque lettre par sa place dans l'alphabet.

Illana essaie.

– A, c'est 1, D, c'est 4, et N, c'est… 14! s'exclame-t-elle après avoir compté sur ses doigts. Donc 1414! Mais… en quoi ça nous est utile, vu que le nombre qu'on cherche n'a que deux chiffres?

Minh hoche la tête.

– C'est là qu'il y a une subtilité… Et franchement, ce n'est pas simple. Le sigle d'ADN a trois lettres, tu es d'accord avec ça?

– Oui, confirme Illana.

– Mais en vrai, reprend Minh, le nom n'a que deux mots! Et si on utilise le code de l'alphabet chiffré pour convertir les premières lettres de ces deux mots, c'est-à-dire A et D, en chiffres, ça donne… 1 et 4, tout simplement!

Illana n'est pas sûre d'avoir tout compris aux explications de son cousin. Mais à ce stade de la situation, tout ce qui peut être tenté doit être tenté.

– On va essayer? propose Minh.

Illana secoue la tête.

– Ah non, je ne refais pas l'aller-retour, prévient-elle. Cette fois, c'est toi qui y vas tout seul.

– Comme tu préfères, dit Minh en haussant les épaules.

Il descend, un peu vexé que sa cousine ne lui fasse pas confiance par rapport au code. Une fois en bas, il avance jusqu'au boîtier et tape 14 sur le pavé numérique. Hourra ! Le quatrième code est le bon, le bruit de déverrouillage retentit !

– Illana ! Arthur ! appelle Minh en criant le plus fort possible. Descendez, c'est ouvert !

Ses cousins n'ont pas réussi à entendre ce que disait Minh mais, à l'intonation de sa voix, ils ont compris qu'il fallait descendre. Ils dévalent l'escalier à grande vitesse et rejoignent Minh, particulièrement fier de lui.

– Tadam ! s'exclame celui-ci.

Un côté de la porte s'est effectivement ouvert. Les cousins se faufilent. Hélas, les portes vitrées qui se trouvent derrière, elles, n'ont pas bougé… Minh a parlé trop vite.

Les cousins sont-ils toujours coincés à l'intérieur ?

Relie chaque phrase à la caractéristique des mots soulignés.

1. Minh a tenté plusieurs codes et essayé à deux reprises.	**a.** homophones
2. Illana se dirige vers la vitrine en verre.	**b.** synonymes
3. Arthur ferme puis ouvre les yeux d'étonnement.	**c.** antonymes

Si tu as trouvé 1. a., 2. c., 3. b. → Va au n° 10.
Si tu as trouvé 1. c., 2. b., 3. a. → Va au n° 3.
0 **Si tu as trouvé 1. b., 2. a., 3. c. → Va au n° 4.**

Relève le chiffre qui correspond à la phrase des synonymes. Écris ta réponse : 1

C'est ton QUATRIÈME ET DERNIER INDICE.

N'oublie pas de le reporter page 93.

mémo 7

7 

Ce n'est pas la bonne réponse. Un dernier effort ! *Wednesday* est la traduction de *mercredi*.

→ Retourne à l'exercice du n° 4.

8 

Tu t'es trompé(e). Encore un effort ! *Thursday* signifie *jeudi*. → Recommence l'exercice du n° 4.

9 

De retour à l'étage, les enfants réfléchissent :

– Dans la partie sur les milieux marins, la première étiquette nous disait où aller chercher le nombre… Peut-être que c'est la même chose avec celle-là ? suggère Illana.

Elle pivote et regarde tout autour d'elle. À première vue, ni les salles ni les panneaux ne sont numérotés. Peut-être y a-t-il une numérotation cachée ? Minh et elle inspectent le moindre détail de la salle où ils se trouvent, observant des choses aussi insolites que l'extincteur ou l'affichage lumineux signalant les issues de secours. Nulle part ne figure le nombre 14.

– Et il nous en faut deux, des 14, fait remarquer Minh.

– Arthur ! s'agace Illana. Tu peux nous aider, s'il te plaît ? On a tout le balcon à fouiller…

Arthur interrompt sa contemplation d'une reproduction de cœlacanthe, un poisson centenaire considéré comme le plus vieux poisson du monde, que le pétrole menace de disparition.

Bientôt, à eux trois, ils ont fait tout le tour du balcon. Et ils sont bredouilles.

– Il faut qu'on essaie autre chose, dit Illana lorsqu'ils se retrouvent à leur point de départ.

Face au panneau sur la génétique et face à l'étiquette, elle réfléchit. Tout à coup, elle a une idée.

– Et si on additionnait les chiffres ? suggère-t-elle. 1 + 4, ça fait 5. Donc le nombre pourrait être… 55.

– Pourquoi pas, admet Minh. Il faudrait vérifier.

Illana regarde en bas. Elle est fatiguée d'avance mais Minh a raison : c'est le seul moyen de savoir.

– J'y vais, finit-elle par dire.

– Je reste là, annonce Minh. C'est plus facile de chercher si je suis face aux chiffres.

– OK, dit Illana avant de dévaler seule les marches.

Au rez-de-chaussée, elle tape 55 sur le pavé numérique. Rien ne se passe, mais Illana frissonne : elle espère que ce n'est pas comme avec les cartes bancaires, pour lesquelles le nombre d'essais est limité. Elle ne remonte pas tout de suite et décide de taper 10, la somme de 5 + 5. Hélas, cela ne donne rien non plus.

Au niveau supérieur, tandis qu'Arthur observe en détail une vitrine dans laquelle sont fichés des scarabées et d'autres insectes coléoptères de toutes les tailles et de

toutes les couleurs, Minh fixe le panneau avec l'étiquette à s'en faire mal aux yeux. Il commence à se dire que celui-ci n'a pas été choisi au hasard, et que c'est sans doute là la clé… Mais il a beau se creuser les méninges, il ne voit pas de quelle façon la génétique peut délivrer un nombre à deux chiffres. Les explications imprimées devant lui, en tout cas, n'en contiennent pas.

– Je dois essayer de réfléchir autrement, s'ordonne le garçon. La génétique se base sur les gènes et les gènes sont composés d'ADN. Or le sigle ADN commence par un A, et la lettre A, dans le code secret de l'alphabet chiffré, est remplacée par un 1… Et si c'était encore un code ? Pour en être sûr, il faut que je sache comment s'écrit « ADN » en toutes lettres…

Minh est-il sur la bonne piste ?

Tu le sauras après avoir résolu ce problème.

Pour visiter le muséum, les grands-parents des cousins devront acheter deux tickets à 6 € et 3 tickets à 2 €. Ils utiliseront pour cela un billet de 20 euros. Combien leur rendra-t-on ?

☐ 

☒ 

Si tu as coché 12 euros → Va au n° 2.
Si tu as coché 2 euros → Va au n° 6.

mémo 10 mémo 13

10

Faux. Les homophones sont des mots qui se prononcent de la même façon mais dont le sens est différent.

→ Refais l'exercice du n° 6.

11

Tu t'es trompé(e). Les mots d'une même famille sont construits en ajoutant un préfixe ou un suffixe au mot de base. → Recommence l'exercice du n° 1.

12

Illana fronce les sourcils. Qu'est-ce que le gardien essaie de leur dire ?

– Tu ne crois pas qu'on devrait retaper les codes ? suggère-t-elle à Minh.

– Essayons ! s'exclame son cousin.

Le geste du gardien semble en effet indiquer la répétition. Les enfants retournent au niveau du boîtier et font appel à leur mémoire. 26 vert, 89 bleu, 10 orange et 14 jaune. Est-ce bien ça ? Cette fois, un mécanisme se fait entendre à la première porte vitrée. Ça y est, les enfants sont libérés !

– Arthur ! Illana ! Minh ! s'exclame leur grand-mère en ouvrant grand les bras.

Les trois cousins s'y précipitent. Câlin général ! Papi ne tarde pas à se joindre à eux. Qu'il est bon d'être enfin tous réunis !

– Eh bien, que d'aventures ! déclare leur grand-père. Que s'est-il passé ? Vous allez nous raconter tout ça sur le chemin jusqu'à la station de métro…

– On était vraiment très inquiets, affirme leur grand-mère.

Elle regarde les plus âgés des cousins, qu'elle considère comme les plus responsables.

– Nous aussi, lui répondent Minh et Illana.

– Depuis combien de temps étiez-vous à l'intérieur ? demande le gardien en s'adressant à Minh, qu'il a identifié comme étant le plus grand des trois enfants. En principe, il n'est pas possible qu'il y ait des visiteurs dans le musée en dehors des horaires d'ouverture…

– On a été enfermés au moment de la fermeture tout à l'heure, explique-t-il.

Le gardien se frotte le menton.

– Hum, cela veut dire que notre dispositif de télésurveillance est défaillant, comprend-il. Bon, merci pour l'information, je préviens le poste de sécurité, quelqu'un va venir contrôler tout ça. Il ne faudrait pas que ça se reproduise. Allez, au revoir !

Papi rigole.

– Au revoir et… à bientôt ! Parce qu'on revient demain, annonce-t-il.

Le gardien paraît surpris.

– Oui, on est arrivés trop tard aujourd'hui mais on ne se fera pas avoir deux jours de suite, précise la grand-mère des enfants. Demain, pas d'arrêt dans le parc, on filera directement ici ! Pas vrai, mes chéris, que vous avez hâte de visiter le Grand muséum ?

Minh, Illana et Arthur se regardent avant d'éclater de rire. Une fois qu'ils ont repris leur souffle, c'est Illana qui prend la parole :

– Oui oui, on sera ravis de visiter le Grand muséum comme prévu mais… on peut dire qu'on l'a déjà plutôt bien exploré !

Et les trois enfants tournent le dos au musée d'histoire naturelle en se disant que oui, décidément, les vacances commencent bien !

FIN

Bravo ! Puisque tu es allé(e) jusqu'au bout de cette aventure et de ses exercices, nous te proposons de nous envoyer, sur le site www.lenigme.com, la liste des indices que tu as notés page 93 et tu pourras télécharger des surprises. À bientôt pour une nouvelle aventure !

Mémo

Pour t'aider à faire tes exercices

Français Maths Questionner le monde Anglais

1 Les classes de mots

On classe les mots en deux catégories :

- Les **mots variables** changent selon le genre (masculin ou féminin) et le nombre (singulier ou pluriel) :
  – nom commun → *animal, escalier…*
  – nom propre → *Arthur, Marseille…*
  – verbe → *regarder, sentir…*
  – déterminant → *le, la, les, un, mon, ta, leur…*
  – adjectif → *petit, vieux…*
  – pronom personnel sujet → *je, tu, elle, nous…*
- Les **mots invariables** ne changent jamais d'orthographe :
  et, avec, après, dans, demain…

2 Les accents du e

La lettre *e* ne produit pas le même son selon l'accent utilisé.

Accent aigu **é**	son « er »	*école, été*
Accent grave **è**	son « ai »	*rivière, règle*
Accent circonflexe **ê**	son « ai »	*rêve, pêche*
Tréma **ë**	son « ai »	*Noël*

3 Les trois groupes de verbes

- Les verbes sont classés en 3 groupes.

1er groupe	verbes se terminant en *-er**	*aimer, regarder…*
2e groupe	verbes se terminant en *-ir* et se conjuguant en *-issons* à la 1re personne du pluriel « nous »	*finir, grandir…* *(nous grandissons)*
3e groupe	tous les autres verbes	*devoir, partir, prendre, voir…*

- *Être* et *avoir* sont des verbes particuliers.

*Attention ! *Aller* appartient au 3e groupe.

4 Le futur

- Le futur sert à exprimer une action qui se déroulera plus tard.
- Les terminaisons sont les mêmes pour tous les verbes :

***-ai*, *-as*, *-a*, *-ons*, *-ez*, *-ont*.**

Je déciderai, tu seras, il aura.

J'irai, je dirai, je ferai, je prendrai, je pourrai, je verrai, je viendrai, je voudrai.

5 L'ordre alphabétique

- Dans un dictionnaire, les mots sont rangés par ordre alphabétique :

A B C D E F G H I J K L M N O P Q R S T U V W X Y Z

- Pour ranger des mots, on observe d'abord la 1re lettre :

abeille – fourmi – ours – requin

Si c'est la même, on regarde la 2e, puis la 3e, etc.

abeille – agneau – âne – antilope

6 Les familles de mots

- Des mots sont de la même famille lorsqu'ils ont le **même radical** et un **sens commun**, ils expriment la même idée :

lent (radical) → lentement, ralentir.

- Pour former une famille de mots :

– on peut ajouter un **préfixe** avant le radical : *faire → défaire ;*

– on peut ajouter un **suffixe** après le radical : *grand → grandir ;*

– on peut ajouter des préfixes et des suffixes : *doux → adoucir*.

7 Les synonymes, antonymes, homophones

- Des **synonymes** sont des mots qui ont un même sens ou un sens proche :

crier / hurler, grand / immense.

- Des **antonymes** sont des mots qui ont un sens contraire :

jour / nuit, clair / sombre.

- Des **homophones** sont des mots qui se prononcent de la même façon mais qui ne s'écrivent pas de la même manière : *ver, vert, vers, verre*.

8 Lire et décomposer des nombres

- Un nombre s'écrit :

– en **chiffres** : 2 356

– en **lettres** : deux mille trois cent cinquante-six

- Chaque chiffre a une valeur selon sa position :

Classe des mille			Classe des unités		
centaines	dizaines	unités	centaines	dizaines	unités
		2	3	5	6

Dans 2 356 → 2 est le chiffre des milliers, 5 est le chiffre des dizaines.

9 Comparer, ranger des nombres

- On compare des nombres si l'on veut savoir lequel est le plus petit, le plus grand ou s'ils sont égaux.
- On utilise les **signes** : > supérieur à   < inférieur à   = égal à
- Si deux nombres comportent le même nombre de chiffres et commencent par les mêmes chiffres, il faut partir de la gauche vers la droite.

8 751 > 8 650   8 751 > 8 731   8 751 > 8 750

- On peut ranger des nombres dans l'**ordre croissant** (du plus petit au plus grand) : 250 < 999 < 2 411 < 8 751.
- On peut ranger des nombres dans l'**ordre décroissant** (du plus grand au plus petit) : 8 751 > 2 411 > 999 > 250.

10 Résoudre un problème

- Pour résoudre un problème, il faut :

– s'assurer de bien comprendre tous les mots de l'**énoncé**,

– repérer les **informations importantes** (celles qui vont servir au calcul),

– choisir la bonne **opération**.

- L'**addition** est l'opération qui permet d'**ajouter** une quantité à une autre. Le résultat s'appelle la **somme**. Dans un problème, l'addition permet de trouver combien il y a **en tout**.

Le corps d'un calmar peut mesurer 7 m de long et ses tentacules 11 m. Quelle est la taille d'un calmar ? 7 + 11 = 18. Il mesure en tout 18 m.

- La **soustraction** permet de calculer un **reste**, un **manque**, un **écart** ou une **différence**.

  Minh mesure 145 cm et Arthur mesure 130 cm. Quelle est la différence de taille entre eux deux ? 145 – 130 = 15. Il y a 15 cm de différence.

- La **multiplication** permet d'additionner plusieurs fois le même nombre. Le résultat s'appelle le **produit**.

  Illana a observé 3 vitrines contenant chacune 6 espèces de papillons. Combien de papillons a-t-elle observé en tout ? 3 x 6 = 18.
  Il y a 18 papillons en tout.

11 Les unités de mesures de longueur

- L'unité de mesure de longueur est le **mètre (m)**.
- Certaines mesures de longueur sont plus grandes, comme le **kilomètre** ; certaines sont plus petites, comme le **centimètre**.

kilomètre	hectomètre	décamètre	mètre	décimètre	centimètre	millimètre
km	hm	dam	m	dm	cm	mm

- Pour mesurer ou comparer des longueurs, il faut **choisir l'unité de mesure adaptée** : *le millimètre pour un insecte, le centimètre pour un livre, le mètre pour une maison, le kilomètre pour une route.*

12 Les unités de mesures de masse

- L'unité de mesure de masse est le **kilogramme (kg)**.
- Pour mesurer ou comparer des masses, il faut **choisir l'unité de mesure adaptée** : *le gramme (g) pour une bille, le kilogramme (kg) pour une valise, la tonne (t) pour une voiture.*

13 La monnaie

- En France, la monnaie est l'**euro**.
- Pour payer, on utilise des pièces (en centimes et en euros) et des billets (en euros).
- Lorsqu'on achète quelque chose, soit on paie en donnant la somme exacte, soit on donne plus : on doit alors nous rendre la monnaie.

14 La symétrie

- Une figure est symétrique si elle possède un **axe de symétrie** qui détermine deux parties pouvant se superposer selon cet axe.

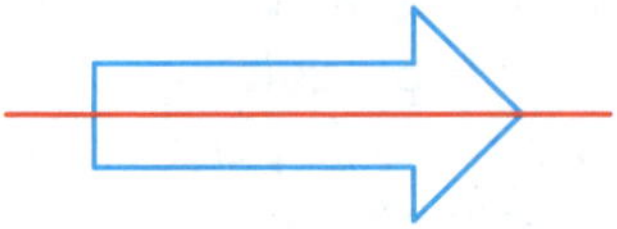

- Une figure peut avoir un ou plusieurs axes de symétrie.

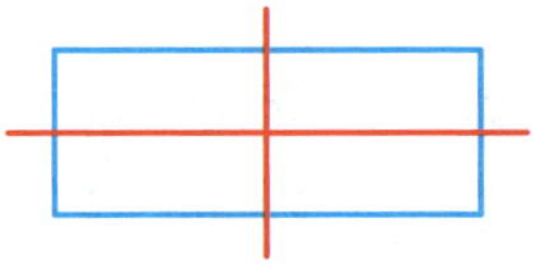

15 Les solides

- Un solide est une forme géométrique en volume.

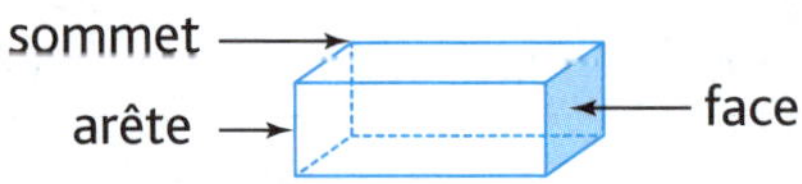

- Les **solides à faces planes** (ne pouvant pas rouler) :

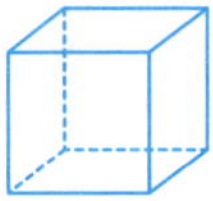

le cube

le pavé droit

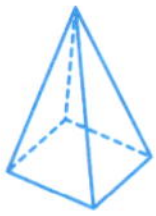

la pyramide

On peut compter le nombre d'arêtes, de sommets et de faces.
Le cube possède 6 faces, 8 sommets et 12 arêtes.

- Les **solides à faces courbes** (qui peuvent rouler) :

le cylindre

la boule

le cône

16 Se repérer sur une frise

Une frise chronologique est une ligne découpant le temps en périodes. Elle est utilisée pour **situer des événements historiques**. Des dates servent de repères.

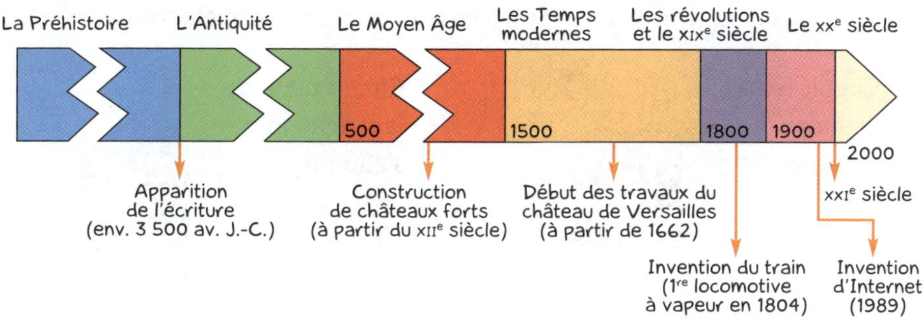

17 Les départements et les régions

- La France est un territoire organisé en **13 régions en métropole** (continent et Corse) et **5 régions d'outre-mer**.
- Une **région** est divisée en **départements** : 96 en métropole et 5 en outre-mer.

Chaque région est administrée par un préfet, siégeant à la **préfecture** (par exemple : Paris est la capitale de la France mais aussi la préfecture de la région Île-de-France).

Une région est gérée par un **conseil régional**.

- Un **département** est géré par un **conseil départemental**.

18 L'électricité

- L'électricité permet de faire fonctionner des appareils. Elle part d'une **source** (pile ou prise électrique) et passe par des **matériaux conducteurs** (cuivre).
- Un circuit électrique doit être fermé pour que le **courant électrique** passe.

Circuit fermé : la lampe s'allume.

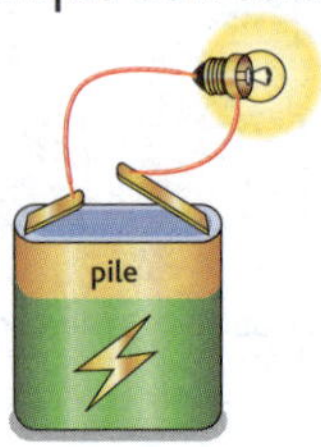

Circuit ouvert : la lampe ne s'allume pas.

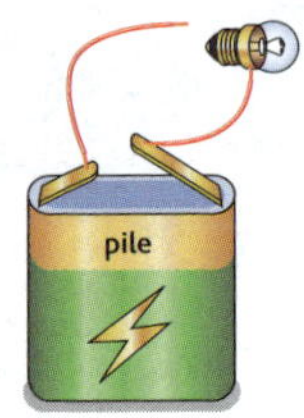

19 La classification des animaux

- On classe les animaux en 2 groupes : les **vertébrés** qui ont un squelette et les **invertébrés** qui n'ont pas de squelette.
- Chaque groupe possède des sous-groupes, on les classe selon leurs caractéristiques (plumes, nombre de pattes, type de peau, etc.).

Vertébrés

mammifères	oiseaux	poissons	amphibiens	reptiles

Invertébrés

- **Arthropodes**
  arachnides
  crustacés
  insectes
  myriapodes
- **Mollusques**
  céphalopodes
  gastéropodes
  bivalves
- **Annélides**

20 Les jours de la semaine

MONDAY	TUESDAY	WEDNESDAY	THURSDAY	FRIDAY	SATURDAY	SUNDAY
lundi	mardi	mercredi	jeudi	vendredi	samedi	dimanche

Page-indices

Au muséum d'histoire naturelle

du CE2 au CM1

Note ci-dessous les indices que tu as trouvés au cours de ta lecture.

Va vite te connecter sur le site www.lenigme.com pour nous envoyer tes indices, et tu pourras télécharger plein de cadeaux !

INDICE 1 le numéro 3

INDICE 2 le numéro 7

INDICE 3 le numéro 9

INDICE 4 le numéro 1

Bravo ! *Tu as trouvé tous les indices !*

Une fois remis dans l'ordre, ces quatre chiffres formeront une date.

1 9 3 7

Indice : année depuis laquelle la baleine australe est une espèce protégée.

Un doute ? Relis le chapitre 2, tu y trouveras de l'aide...

Table des matières

Crédits photographiques : p. 3 de h en b : © AdobeStock / FreePod, © AdobeStock / Redzen, © AdobeStock / Sergii Figurnyi ; p. 4 de h en b : © AdobeStock / Wirestock, © AdobeStock / Sergii Figurnyi, © AdobeStock / lynea ; p. 21 de g à d : © ultimatearm, © bzzrincantation, © Flaticons, © Freepik, © Freepik, © Freepik, © Chanut-is-Industries, © monkik ; p. 32 : © Freepik ; p. 36 © AdobsStock / Walter Cicchetti ; p. 38 de g à d : © smalllikeart, © Freepik ; p. 44 : © Freepik ; p. 56 de h en b : © DinosoftLabs, © Freepik, © Freepik.

Dépôt légal : Avril 2023
Achevé d'imprimé en Italie par BONA en Mars 2023

Choisis ton univers dans la collection

historique · fantastique · POLICIER · AVENTURE · FRISSON · féerie

du CP au CE1

- Le voleur invisible
- Le mystère de la source
- Disparition au pays des poneys
- Panique chez les pandas

du CE1 au CE2

- Attention ! Dauphins en danger
- Menace sur Madagascar
- Pirates en péril !
- Enquête de terrain BD

du CE2 au CM1

- Les fantômes de Glamorgan
- La plage du Prince Blanc
- Menaces sur la finale de foot
- Planète dinosaures
- Le chevalier sans tête BD
- Au muséum d'histoire naturelle ESCAPE GAME

du CM1 au CM2

- Le voleur de papyrus
- Le sortilège des loups-garous
- Drôles d'époques ! 7 histoires
- Objectif planète verte BD
- Sur l'île à marée haute ESCAPE GAME
- Sensu 6 LE MANGA DES VACANCES

du CM2 à la 6e

- Le trésor des Templiers
- La forêt de l'épouvante
- À la recherche de la cité perdue
- Drôles de familles ! 7 histoires
- À bord du bateau pirate ESCAPE GAME
- Le cavalier masqué BD
- Mission Krono LE MANGA DES VACANCES

de la 6e à la 5e

- Le secret du Titanic
- The Refuge in Danger (en anglais)
- Au sommet de la tour Eiffel ESCAPE GAME
- Dans les galeries du Louvre ESCAPE GAME
- Drôles de talents ! 7 histoires
- La pierre des orbelins BD

de la 5e à la 4e

- Operation Blue Lagoon (en anglais)
- Chute mortelle au Mont-Saint-Michel
- The Captain is Missing! (en anglais)
- Dans le château de Krennamzer ESCAPE GAME

de la 4e à la 3e

- Murder in West Park (en anglais)
- The Mark of the Vampire (en anglais)
- The Wizards' Night (en anglais)
- Dans les allées du cimetière ESCAPE GAME

Le jeu de l'énigme des vacances pour toute la famille

Histoire à podcaster sur le site www.lenigme.com

Retrouve-nous sur le site : www.lenigme.com